अनुरागी

अनुराग चतुर्वेदी

BookLeaf Publishing
India | USA | UK

Made with ❤ on the BookLeaf Publishing Platform
www.bookleafpub.in
www.bookleafpub.com

Dedication

मैं अपनी इस किताब को अपनी स्वर्गीय दादी श्रीमती प्रेमलता चतुर्वेदी और मेरे परिवार को समर्पित करता हूं जिन्होंने मेरी लिखने की कला को समझा और मुझे लिखते रहने के लिए प्रेरित किया

Preface

यह कविता-संग्रह मेरे बीते वर्षों की भावनाओं, संघर्षों और अनुभवों का परिणाम है।
हर कविता मेरे जीवन के किसी न किसी पल, किसी सच, किसी सवाल या किसी रिश्ते से जन्मी है।
मैंने यह किताब इसलिए लिखी क्योंकि शब्दों ने हमेशा मेरे मन को हल्का किया है और उम्मीद है कि मेरे ये शब्द आपके मन को भी छू पाएंगे।

इन 21 कविताओं में प्रेम भी है, पीड़ा भी... जीवन भी है, संघर्ष भी।
मैंने कोशिश की है कि हर पाठक अपने जीवन का एक टुकड़ा इन पंक्तियों में ढूंढ सके।
अगर यह किताब आपके चेहरे पर मुस्कान या आँखों में एक बूंद नमी भी ला पाई,
तो यह मेरी लेखनी की सबसे बड़ी जीत होगी।

Acknowledgements

मैं हृदय से उन सभी लोगों का आभार व्यक्त करता हूँ, विषेशरूप से बुक लीफ पब्लिकेशन का जिन्होंने इस पुस्तक को सम्भव बनाया
अपने माता-पिता का धन्यवाद, जिनका आशीर्वाद हमेशा मेरी ताक़त रहा।
अपने भाई का जो सदैव मुझे अच्छे से अच्छा लिखने को प्रेरित करते रहे
अपनी पत्नी का, जिनके धैर्य और सहयोग के बिना यह लिखना सम्भव नहीं था।
अपने अपने पूरे परिवार का जिनमे प्रेम और प्रोत्साहन ने मुझे हमेशा एक नई ऊर्जा और दिशा दी ।

साथ ही अपने उन दोस्तों का आभार, जिन्होंने मेरी कविताएँ पढ़ीं, सुझाव दिए और मुझे लगातार लिखते रहने के लिए प्रेरित किया।
और अंत में, उन सभी पाठकों का धन्यवाद, जिनके लिए मैं लिखता हूँ —आप ही मेरी असली प्रेरणा हैं।”

1. बेरंग मोहब्बत

तुम्हे देने को मेरे पास
इन चन्द लफ़्ज़ों के सिवा - **और कुछ भी नहीं**

इन्हें जोड़ जोड़ कर
जो माला बनाई है

मेरे प्रेम पुष्पों के सिवा - **इनमे कुछ भी नहीं**

वो सिर्फ़ तुम हो, जिसके लिए
कुछ मायने है इनके
बाकि दुनियाँ के लिए

ये तिनको के सिवा - **और कुछ भी नहीं**

अपने होंठों से जब छुओगी इन्हें
तो ये जी उठेंगे
नहीं तो काग़ज़ पे बनी
लकीरों के सिवा - **ये कुछ भी नहीं**

जितना भी प्यार था वो सारा

लुटा दिया इनमें
जितने भी रंग थे वो सारे
सजा दिए इनमें

अब तुम्हे देने को मेरे पास
इस बेरंग मोहब्बत के सिवा - **और कुछ भी नहीं**

मैं शिक्षक

शिक्षा के इस के इस पावन दिन पर
दीक्षा का दीप जलाता हूँ
जो कुछ पाया मैंने अब तक
वो सब कुछ आज लुटाता हूँ।

इस अंधकार से डरो नहीं
कोई किरण इसी में खोयी है
तुम बस पग-पग बढ़ते जाओ
मैं पग-पग दीप दिखता हूँ

मैं शिक्षक तुम शिक्षार्थी
तुम सूरवीर मैं सारथी
चुन-चुन कर वाण चलाओ तुम
मैं लक्ष्य तुम्हे बतलाता हूँ

मैं धन्य हो गया शिक्षक बन
अब अमर हो गया ये जीवन
मिट कर भी तुझमें रह जाऊँ
एक ऐसा स्वप्न सजाता हूँ

जो कुछ पाया मैंने अब तक
वो सब कुछ आज लुटाता हूँ

मैं अँधेरा

पुराने घरों के बन्द उन कमरों में
जहाँ कोई बरसों से आता नहीं।

मैं रहता वहाँ हूँ, मैं रोता वहाँ हूँ
जहाँ दीप कोई जलाता नहीं।

मैं कैसा हूँ तुमको ये कैसे बताऊँ
रूप रंगत ये काया मैं कैसे दिखाऊँ।

मैं मिटा हूँ इसी चाहत में हमेशा
चलके देखूँ उजाले में, लगता हूँ कैसा

शामों में बचपन रातों में जवानी
बुढ़ापा सँवेरा बस ये मेरी कहानी।

अमावस की मेरी वो भीगी जवानी
एक ख़्वाहिश पे कुर्बान हो जाती है।

लगते ही सीने से पहली किरन
जान बाँहों में उनकी, निकल जाती है।

हिन्दी

करो विचार तुम कहाँ खड़े हो
भाषा की बहती धार में
इस पार नहीं, उस पार नहीं
तुम फ़िसल रहे मझधार में

है नाव तुम्हारी हिन्दी की पर
पतवार लिये अंग्रेज़ी की तुम
मातृभूमि की सरिता से
संवाद करोगे कैसे फिर तुम?

भारत की गौरव गाथा के
तुम कैसे गीत सुनाओगे
इस पीढ़ी से उस पीढ़ी तक
कैसे सेतु बनाओगे

यदि डूब गयी नइया हिन्दी की
रस, भाव, छंद खो जायेंगे
ये काव्यग्रंथ, साहित्य सुनहरे
चिर निद्रा में सो जायेंगे

कविता की कविता

स-शरीर हरि को अर्पण करके
माँ शारदे का दर्शन करके
चार पंक्तियाँ चुन करके
रास भाव सर्व समर्पण करके ॥

क्षण अंग संग का का वर्णन हो
सत्य हृदय सा दर्पण हो
श्रेष्ठ सरल और सुंदर हो
सब मर्यादा के अंदर हो ॥

अज्ञान हृदय को ज्ञान से
अशांत चित्त को ध्यान से
जोड़े सब संसार को
जो एक राम के नाम से॥

युग परिवर्तन का सपना हो
क्रांतिपूर्ण एक रचना हो
पुष्प भांति अभिलाषा हो
और कोसों दूर निराशा हो ॥

उपरोक्त सभी कथनों में बुनकर
रिक्त हृदय आशक्ति से भर कर
जो चार पंक्तियाँ लिख जाती है

कवि निर्मित यह पंक्तियाँ
तब कवितायेँ कहलाती हैं॥

जीवनसाथी

ये जिंदगी यूंही धीमी आंच पे पकाएंगे
जैसा भी स्वाद हो मिल बांट कर खायेंगे

मेरा घी नमक चीनी सब रोक देना तुम
कभी जब हाथ से निकलूं, टोंक देना तुम

मैं जब नाराज़ हो जाऊं, तुम भी रूठ मत जाना
उलझन में उलझ जाऊं, तो सारी गांठ सुलझाना

पत्नी को समझ पाऊं इतना ज्ञान कहां मुझमें
पति तो सरल होते है बस तुम हमे समझ जाना

हौसला वैसे तो मुझमें कम नहीं लेकिन
तुम्हारा साथ होता है जो हम कुछ और होते हैं

पैसा एक ना हो जेब में परवाह नहीं मुझको
जब तुम मुस्कुराती हो तो हम कुछ और होते हैं

नारी

हे पुरुष-प्रधान समाज तुझे, घुटनों के बल झुकना होगा
मैं, नारी तेरी जग-जननी हूँ, इतिहास तुझे पढ़ना होगा ।

क्यों आत्म-क्षीण मुझे करके, सम्मान तुझे अर्जित होता
क्यों पंख विहीन मुझे करके , अभिमान तेरा गर्वित होता।

तू स्वंयम पतन का कारन बन, अस्तित्वहीन हो जायेगा
तू व्यभचारी, विष-भुजंग बन, निज संतति को खा जायेगा

हे पुरुष! मैं तुझमे आधी हूँ, स्वीकार तुझे करना होगा
ज्ञान हवन-कुंड में जल कर, अभिमान भस्म करना होगा

हे पुरुष-प्रधान समाज तुझे, घुटनों के बल झुकना होगा
मैं, नारी तेरी जग-जननी हूँ, इतिहास तुझे पढ़ना होगा ।

बड़ा भाई

चाहें वो शर्ट का ऊपर वाला बटन हो
या उस पर लगी टाई की नॉट
सब कुछ तुमने ही बाँधना सिखाया है।

चांहे वो पाजामे का उलझा नाणा हो
या फिर जूतों की मुश्किल सी गाँठ
सब कुछ तुमने ही बाँधना सिखाया है।

चांहे वो जीवन में सिद्धान्तों की महत्वता हो
या फिर अधीरता में धीरज धरने के पाठ
सब कुछ तुमने ही बाँधना सिखाया है।

लॉक डाउन और बुढ़ापा

वैसे भी कहाँ तेज़ थी रफ़्तार जिन्दगी की
उसपर ये बेवक्त की बेडियाँ भी पड़ गईं
दो चार ही कदम की सैर का सहारा था
अब तो बैठे बैठे ये एड़िया अकड़ गईं

ढलती हुई उम्र की बाकी जो खवाहिशे थी
हर रोज़ किसी कोने में तनहा पिघल रही हैं
उम्र गुज़री जिसे बनाने में सारी अब तक
अफ़सोस की उसी घर में हसरत निकल रही हैं

मैं बूढा हूँ कमज़ोर हूँ, मगर हारा तो नहीं हूँ
बेबस हु, अकेला हूँ, बे-सहारा तो नहीं हूँ
बस इतनी सी गुजारिश है मेरे घर से मुझे
जहाँ सब बैठे हो वहीं बिठा लो मुझे

मैं हँस के वक्त काट लूँ, ये वक्त न काटे हमको
हो कुछ भी मगर, कोई हालात न बाँटें हमको
मैं आज भी तुम सबको पाल सकता हूँ
नज़र धुंधली है मगर घर संभाल सकता हूँ

दौर मुश्किल का है अभी...
पर इतना तो सुकूं है
मेरे बच्चे मेरी नज़रों से ओझल नहीं होते.
अब साँझ ढलने का इंतजार नहीं मुझको
मेरे घर के चिराग कभी बोझल नहीं होते

जी भर के जी ली हमने जिन्दगी अपनी
और सब समेट कर दे दिया तुमको
हमें फक्र है अपनी परवरिश पे मेरे बच्चो
बोझ की तरह तुमने कभी ढोया नहीं हमको

नृत्यांगना

मेरे हृदय के भीतर जहाँ जीवन की सबसे लम्बी यात्रा शुरू होती है
जहाँ संगीत की नदियाँ हर दिशा में बहती है
और जहाँ मेरा जीवन नृत्य-मय होकर
एक पुष्प की तरह हजार रंगों में खिल उठता है
वहीं मेरा जीवन है।

जहाँ मुझमें मेरी अभिलाषाओं मेरी आकांक्षाओं के पंख लग जाते है
मेरी आत्मशक्ति मेरे मुख का तेज बनकर उभरती है
और मुझे मेरे अस्तित्व के श्रेष्ठ तक पहुँचाता देती है
जहाँ मैं नारीत्व से उठकर नृत्य हो जाती है
वहीं मेरा जीवन है।

जहाँ मेरे हृदय की अभिव्यक्ति, मेरा कथक बनकर
मेरी दिव्या मुद्राओं से सार्थक सिद्ध होती है
जहाँ मेरे मन की पीड़ा, मेरे भीतर की अतृप्त नारी
मेरे नृत्य में समाकर शून्य हो जाती है
वहीं मेरा जीवन है।

जहाँ मैं अपना श्रृंगार अपना सौंदर्य, अपनी श्रद्धा
ईश्वर को समर्पित कर पाती हूँ

उसकी अनुभूति बनकर उसका स्पर्श कर पाती हूँ
जहाँ मैं किसी तूलिका की स्याही से निखर सजीव हो जाती हूँ
वहीं मेरा जीवन है।

सही समय

सही समय की राह देखते
कितना समय गवाया है
चला गया जो एक बार वो
क्या फिर लौट के आया है

क्षण घंटा दिन रात महीना
यह सब उसकी रचना है
गुण अवगुण शुभ अशुभ मुहूर्त
यह सब उसकी गणना है

नियत सही है अगर तुम्हारी
फिर संदेश समय पर कैसा
सृष्टि का तो यही नियम है
जैसा बोया पाया वैसा

साहस नहीं प्रतीक्षा करता
सही समय के आने की
कायरता बैठी रहती है
पकड़े पूछ बहाने की

12. कश्मीर

जिसे तुमने सदियों से जन्नत कहा है
अगर है कहीं तो मुहब्बत यहाँ है।
जहाँ हुस्न की वादियाँ सो रही है
जहाँ बर्फ़ की आँधियाँ हो रही है।
नज़रिये का मोहताज बन कर रही जो
उस हसीं जन्नत की तसवीर देखो
निकल आओ ख़्वाबों की दुनिया से बाहर
कभी ग़ौर से चलके कश्मीर देखो

हर मोड़ पर ख़ौफ़ छुपकर है बैठा
हर चौंक गुमराह मुसाफ़िर के जैसा
नफ़रत की नस्लें हैं पूरे शहर में
बगावत की फ़सलें है डूबी ज़हर में।
खिंची है लकीरें लहू से ज़मीं पर
इस हसीं जन्नत की तक़दीर देखो
क्यों बहती है झेलम खामोश इतनी
कभी ग़ौर से चलके कश्मीर देखो

ये अपने ही भटके हुए हमवतन है
जो हाथों में पत्थर लिए चल रहे है।

इन्ही को महफ़ूज़ रखने की ख़ातिर
इन्ही के जुल्मों से हम जल रहे है।
लगा दो सीने पे मरहम इस ज़मीं के
ये उधड़े हुए ज़ख्म और अब न देखो।
इस जन्नत की किस्मत में पत्थर लिखे है
कभी ग़ौर से चलके कश्मीर देखो

हे पुत्र !

मेरे भीतर पिता को जन्म देने वाले
मेरे मन के प्रेम को उमड़ाने वाले
मेरे क्रोध को भड़काने वाले
मेरे धैर्य को आजमाने वाले
मुझे रातों में जगाने वाले
मुझे सामंजस्य सिखाने वाले
मेरा बचपन दोहराने वाले
मुझे ताने सुनवाने वाले
मुझपर प्रेम बरसाने वाले
मुझे गले लगाने वाले
मेरा खून जलाने वाले
मेरे घर को हिलाने वाले
मुझे हर दिन कुछ सिखाने वाले
हे पुत्र!
तुम्हारे तीसरे जन्मदिवस पर बहुत बहुत शुभकामनाएं

दूध

कुछ तो है ज़रूर तुझमें
कि आज भी तुझसे पीछा नहीं छूटा
उम्र अपने पड़ाव बदलती रही
पर कभी तेरा साथ नहीं छूटा

बचपन की शरारत, जवानी का जोश
और बुढ़ापे की हिम्मत है तू
माँ के बाद बस तेरा ही क़र्ज़ बाकी रहा
कौन कहता है की सिर्फ एक ज़रूरत है तू

सदियों से ज़माने भर ने
तेरी कसमें खाई है
कौन है? जिसकी रगों में तू घुला नहीं है

क्योकि आज भी दुनिया मकुछ दूध सा धुला नहीं है।

हे सूर्य !

हे सूर्य ! तेरी किरणों का तेज
सतत, स्वर्ण, निर्भय संवेग

पथ जीवन का प्रसस्थ कर दो
हे शक्तिमान ! हे नक्षत्र देव

तुम सृष्टि रक्षक, सार्वभौमिक
तुम आत्मशक्ति का अनंत श्रोत

नित अंधकार पर वजयी रहूँ
कर दो साहस से ओत-प्रोत

मेरे वतन

पहली सांस में जो घुली, वो हवा तेरी है
पहले कदम को जो मिली, **वो जमीं तेरी है।**

मेरे होने का वज़ूद तुमसे है, मेरे देश
सबसे पहले जो मिली, **वो पहचान तेरी है।**

तेरी मिटटी की महक ने, सिखाया हमको
वतन से मोहब्बत की कोई जुबां नहीं होती।

तेरे दामन में जियूं, तेरे सीने में दफ़न हो जाऊं
जन्म-जन्मों की ये ख्वाहिश बयां नहीं होती।

सदियों से जली दिल में, वो आग तेरी है
मुझे मिटकर भी जो मिली, **वो राख तेरी है।**

सुख की वर्षा

दिन असाढ़ के बीत चुके अब
सावन की मैं राह निहारूं
आसमान में घुंगराले से
बादल की मैं छांव निहारूं

तपता सूरज सूखी धरती
धूप की जैसे आग बरसती
हे वरुण देव ! क्या तुम्हे चढ़ाऊँ
कैसे माटी में अंकुर लाऊँ

हे इंद्र देव ! तुम कृपा करो अब
मुझ किसान पर दया करो अब
कब तक अपना श्रम पिघलाऊँ
कब तक अपना रक्त जलाऊँ

तभी हुआ अट्ठाहस गगन में
गूँज उठा एक नाद सघन में

एक बूँद गिरी मेरे माथे पर
सोया भाग्य जगाने को

बहकर वो अधरों तक आयी
मन की प्यास बुझाने को

आँखों में कारी बदरी छायी
मेरे सुख की वर्षा आयी

बुलबुला

सब कुछ अलग-अलग है सबका
फिर क्यों हम एक कर लिया करते हैं।

जीवन अलग, मृत्यु अलग
फिर क्यों हम साथ जिया करते हैं।

ख़ुशियाँ हैं उनकी, ये ग़म है मेरा,
फिर क्यों सब बाँट लिया करते हैं।

चार दिन साथ रहकर ख़ुशी तो होती है
पर अचानक साथ ये क्यों छूट जाता है।

बनने से पहले **बुलबुला** ये
सामंजस्य का क्यों फूट जाता है।

"तुम कहो - मैं चुप रहूँ,
मैं बोलूँ - तुम कुछ ना कहो।"
ये हो पाना है ज़रा मुश्किल।

या मिटा दो अधिकार मेरे
या तोड़ दो शिकवा के साहिल

सन्तुलन

कुछ तो हवा बदली है
कहीं तो बर्फ पिघली है
उफ़ ! ये आग कैसी है
अरे ! ये राख़ कैसी है

कोई जाकर ज़रा देखो
कहीं कुछ तो घटा होगा
जो सदियों से सुलगता था
वो ज्वालामुखी फटा होगा

मेरे ज़ज़्बात क्यों बदले ?
तेरे अल्फाल्ज़ क्यों बदले ?
ख़यालों में ये दूरी क्यों?
ये बातें सब अधूरी क्यों?

तेरे लफज़ों में तल्ख़ी है
कभी दरख़्वास्त होती थी
मुझे हर बात भी तेरी
कभी बर्दाश्त होती थी

भला ये चीख़ना कोई
इबादत का सलीका है ?
संग मान के हनुमान को
भजना तरीका है ?

सुर को शोर ना कर दो
इसे मध्धम ही बहने दो
ये सूरज गर्म है काफ़ी
ज़रा सा चाँद रहने दो

कभी तुम मुझे मिलना

जब ये तपती धूप
मेरे जिस्म को जलाने लगे
तब कहीं किसी मोड़ पर
तुम मुझे छाँव बनकर मिलना

जब दु:ख के सागर का भँवर
मुझे डुबोने लगे
तब कहीं किसी लहर में

तुम मुझे नाव बनकर मिलना

जब आँखों की नींद सूख जाये
एक घडी सोने को तरसूं
तब मीठी नींद में छुपके

तुम मुझे ख़्वाब बनकर मिलना

जब अपनी मंजिल से दो कदम पहले
गिर जाऊँ और चल न सकूँ
वहां मेरे वो दो कदम

तुम मेरे पाँव बनकर चलना

जब कभी खुदगर्ज़ होकर
मैं तुम्हे भूल जाऊँ
तब मेरे बिस्तर पे मुझे

तुम आखिरी साँस बनकर मिलना

सुनामी

मैं अनाथ बिन माँ का लाल
ए बाबू कुछ करो खयाल

दो पैसे रख दो हाँथों पर
संकट छाया बड़ा विशाल
मैं अनाथ बिन माँ का लाल

छूटी ममता छूटा बचपन
और छूटा पापा का प्यार
टूटी मेरी सपनों की दुनिया
और छूटा मेरा घरद्वार

नदी किनारे पंछी उड़ गये
गिर गए वृक्ष विशाल
मैं अनाथ बिन माँ का लाल

संग में रह गयी छोटी बहना
हुपक – 2 दे पुकार
कहती पापा क्यों नहीं आये
माँ नहीं ले गई बज़ार

क्या समझाऊँ इस बहना को
नैना बहें निढाल
मैं अनाथ बिन माँ का लाल

दो पैसे रख दो हाँथों पर
संकट छाया बड़ा विशाल

www.ingramcontent.com/pod-product-compliance
Lightning Source LLC
Chambersburg PA
CBHW070652240926
51846CB00003BA/881
9789373141473